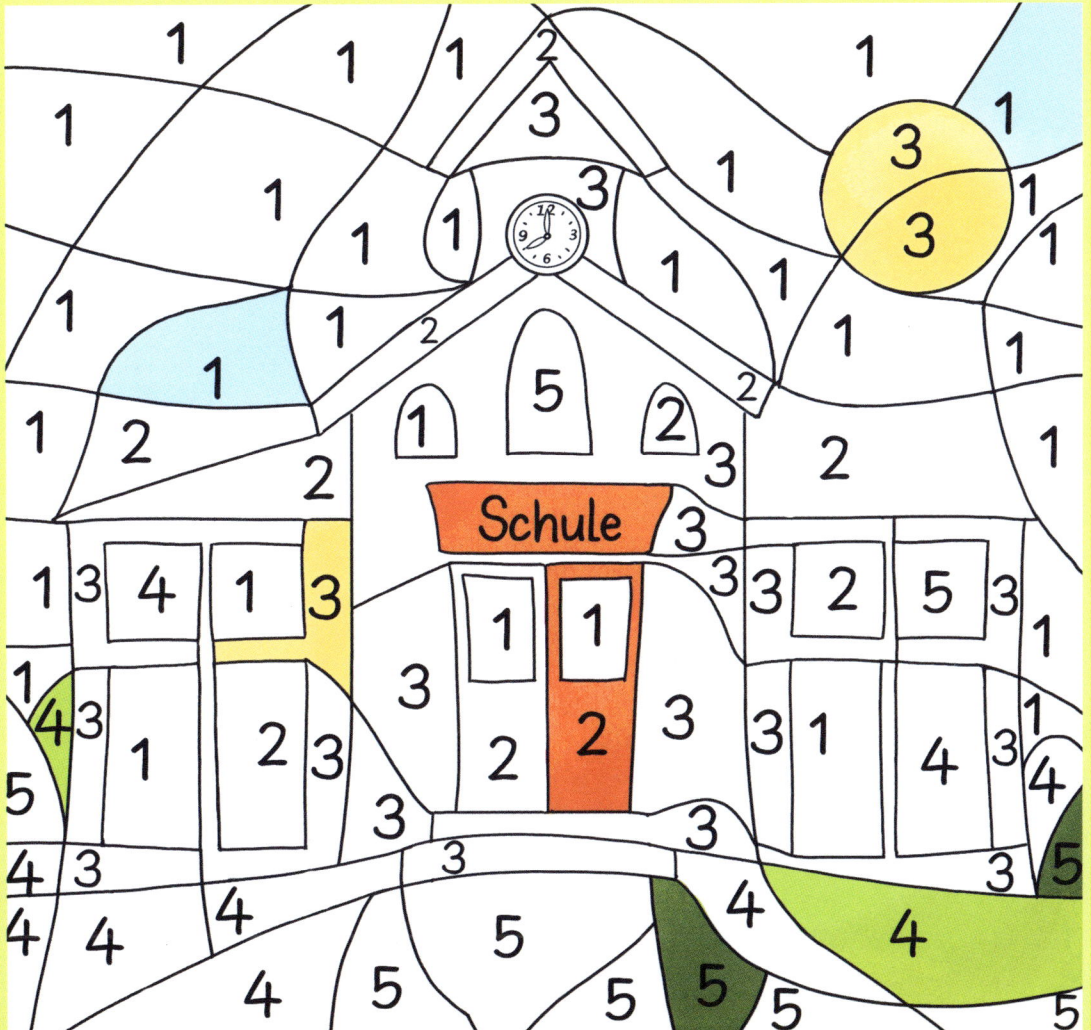

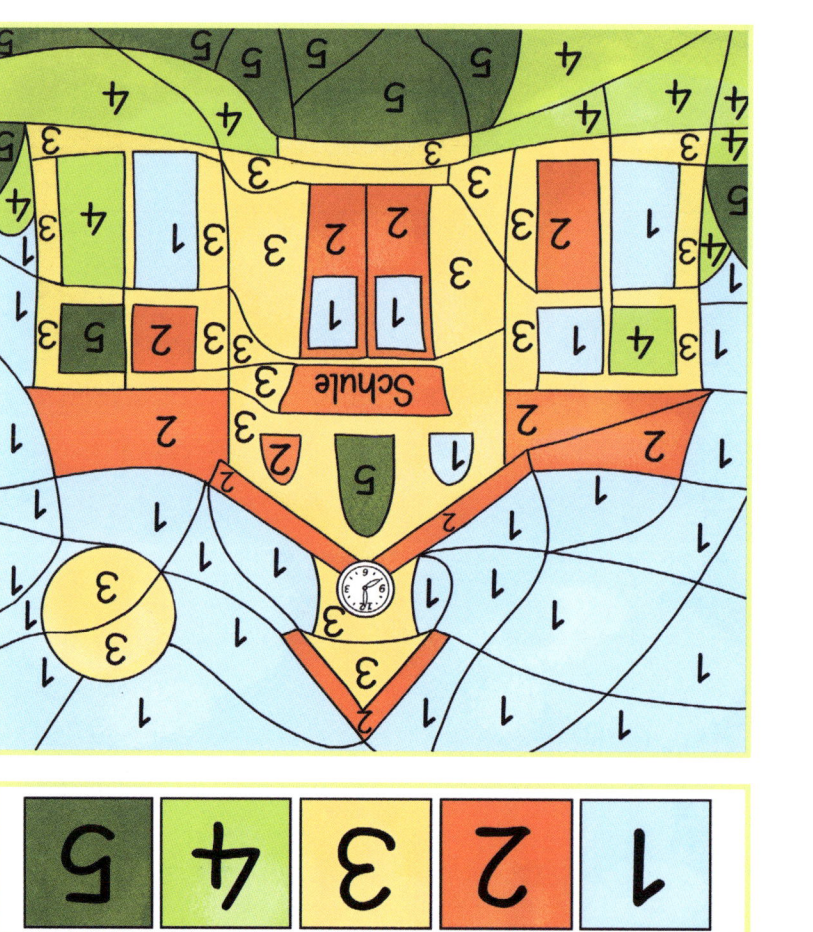

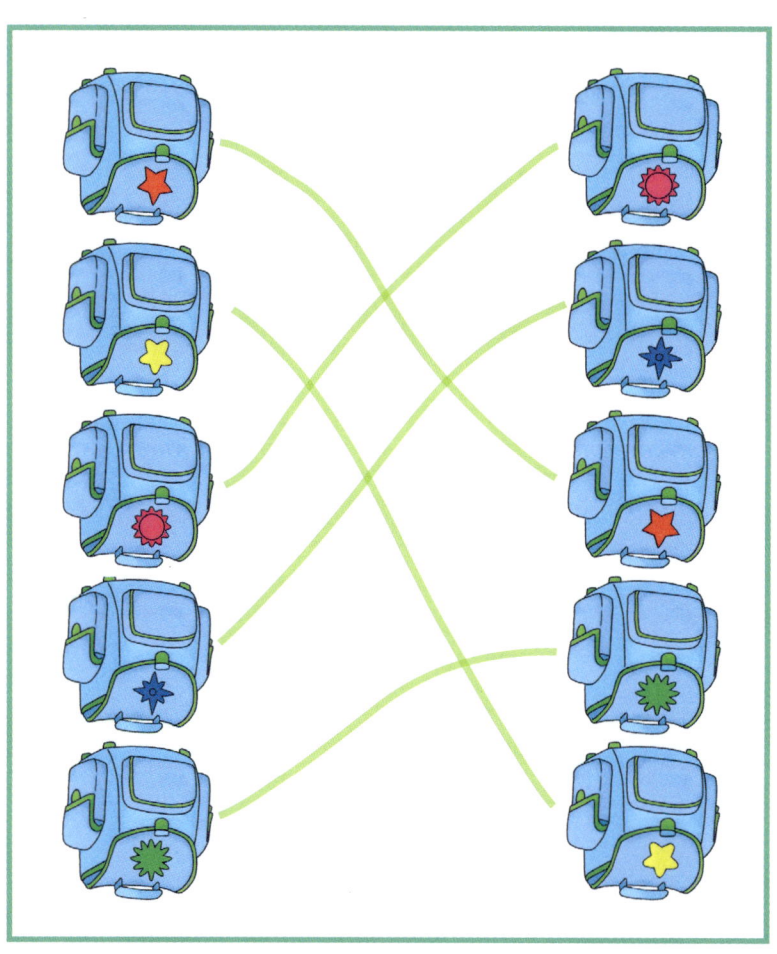

1 — 2 — 3 — 4 — 5 — 6 — 7 — 8 — 9 — 10 —

11 — 12 — 13 — 14 — 15 — 16 — 17 — 18 — 19 — 20

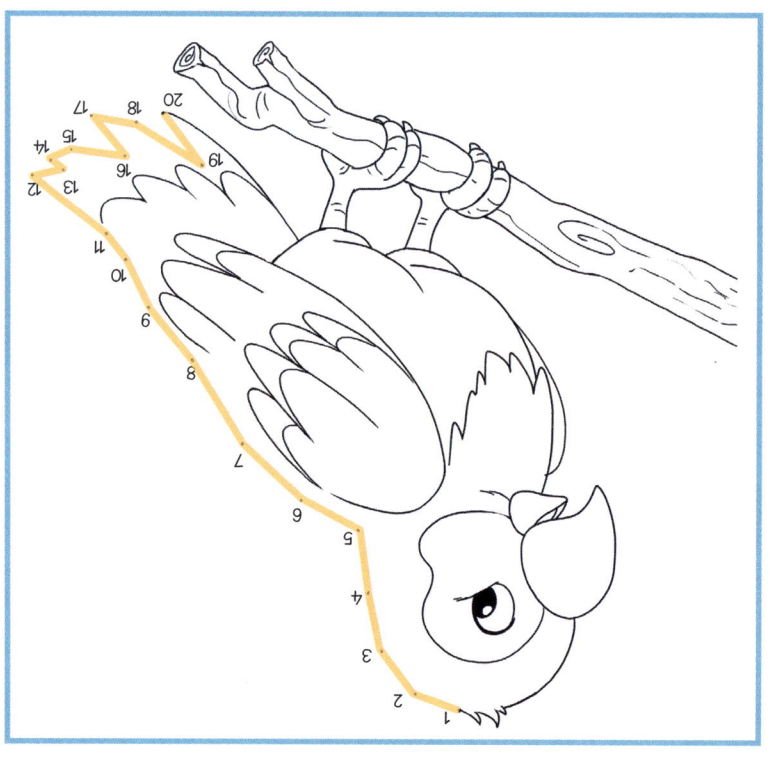

1 — 2 — 3 — 4 — 5 — 6 — 7 — 8 — 9 — 10
11 — 12 — 13 — 14 — 15 — 16 — 17 — 18 — 19 — 20

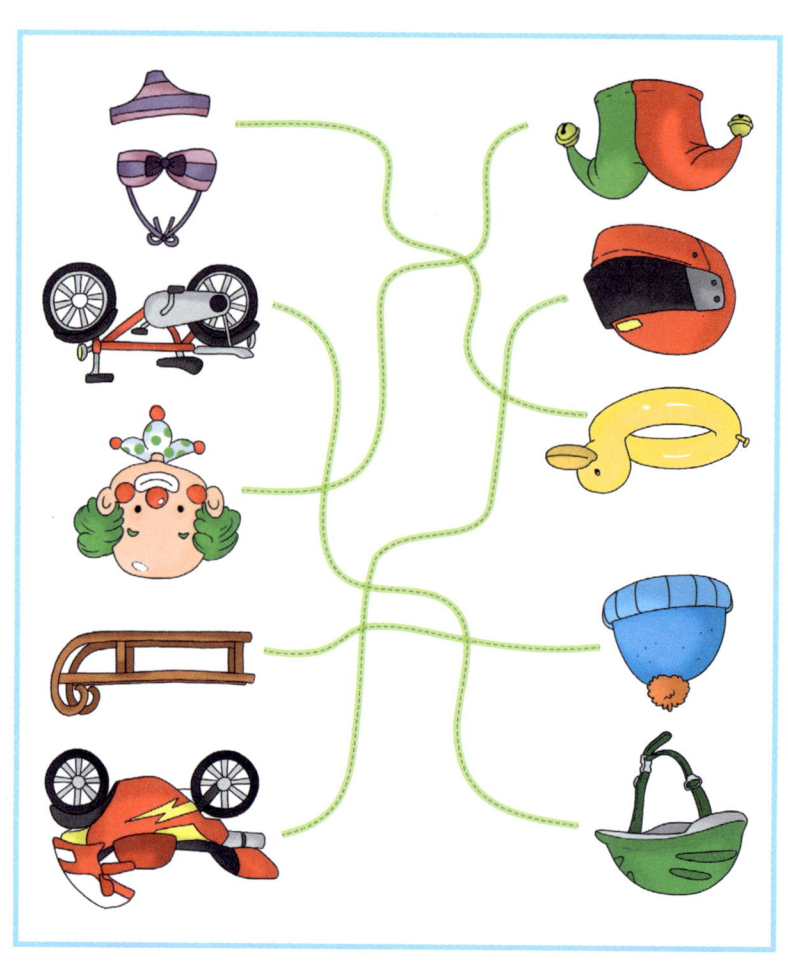

1 3 4 7 9

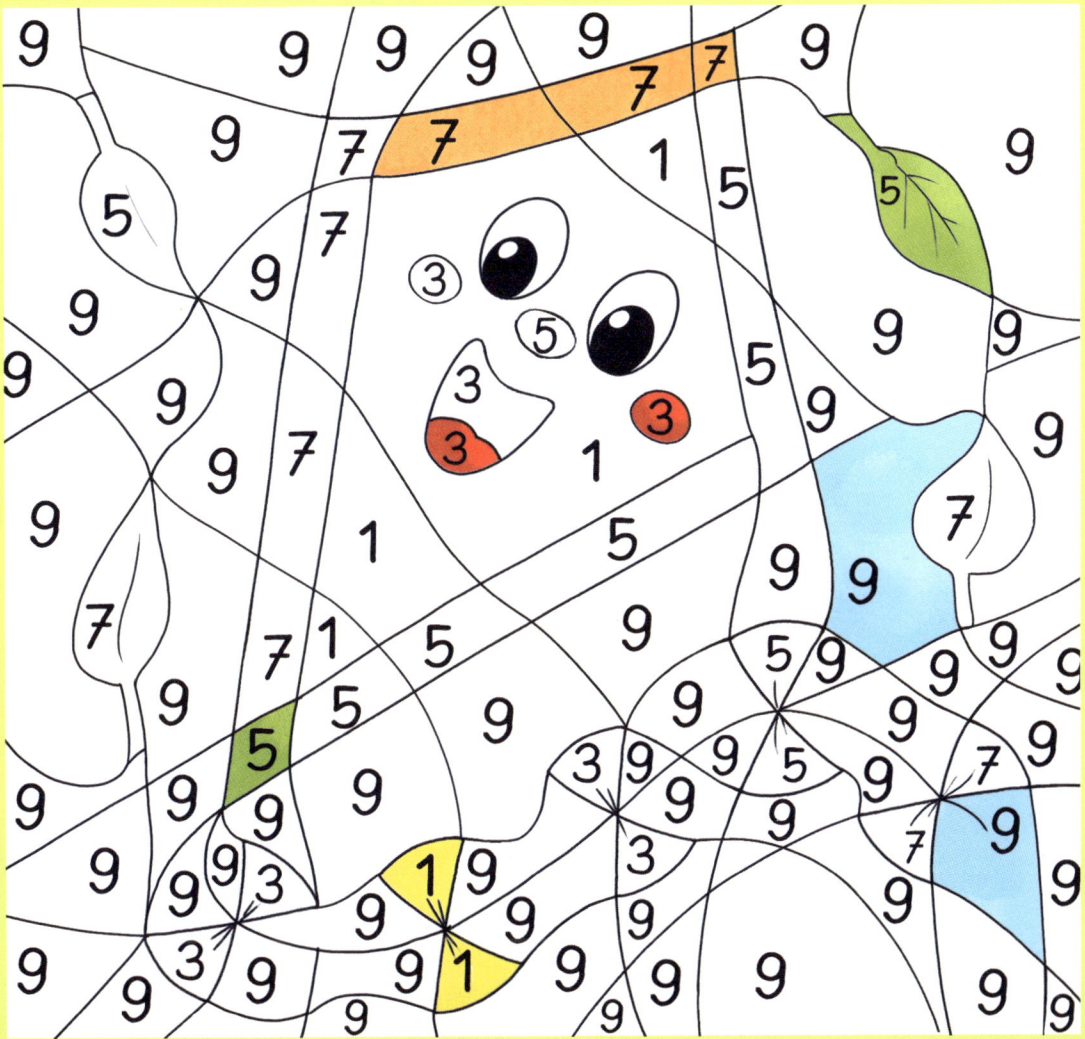

1 — 2 — 3 — 4 — 5 — 6 — 7 — 8 — 9 — 10 —
11 — 12 — 13 — 14 — 15 — 16 — 17 — 18 — 19 — 20

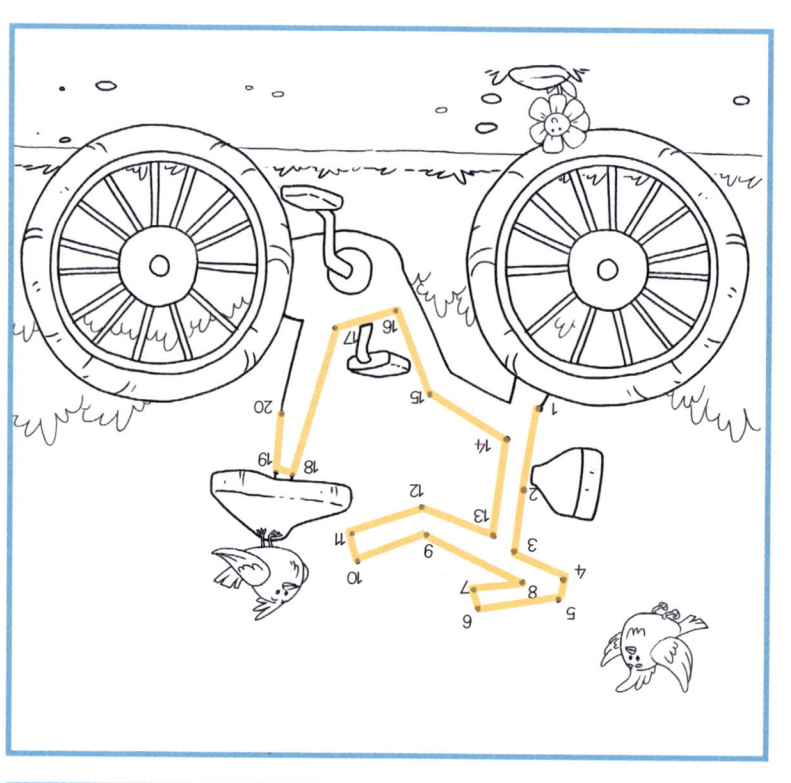

1 — 2 — 3 — 4 — 5 — 6 — 7 — 8 — 9 — 10
11 — 12 — 13 — 14 — 15 — 16 — 17 — 18 — 19 — 20

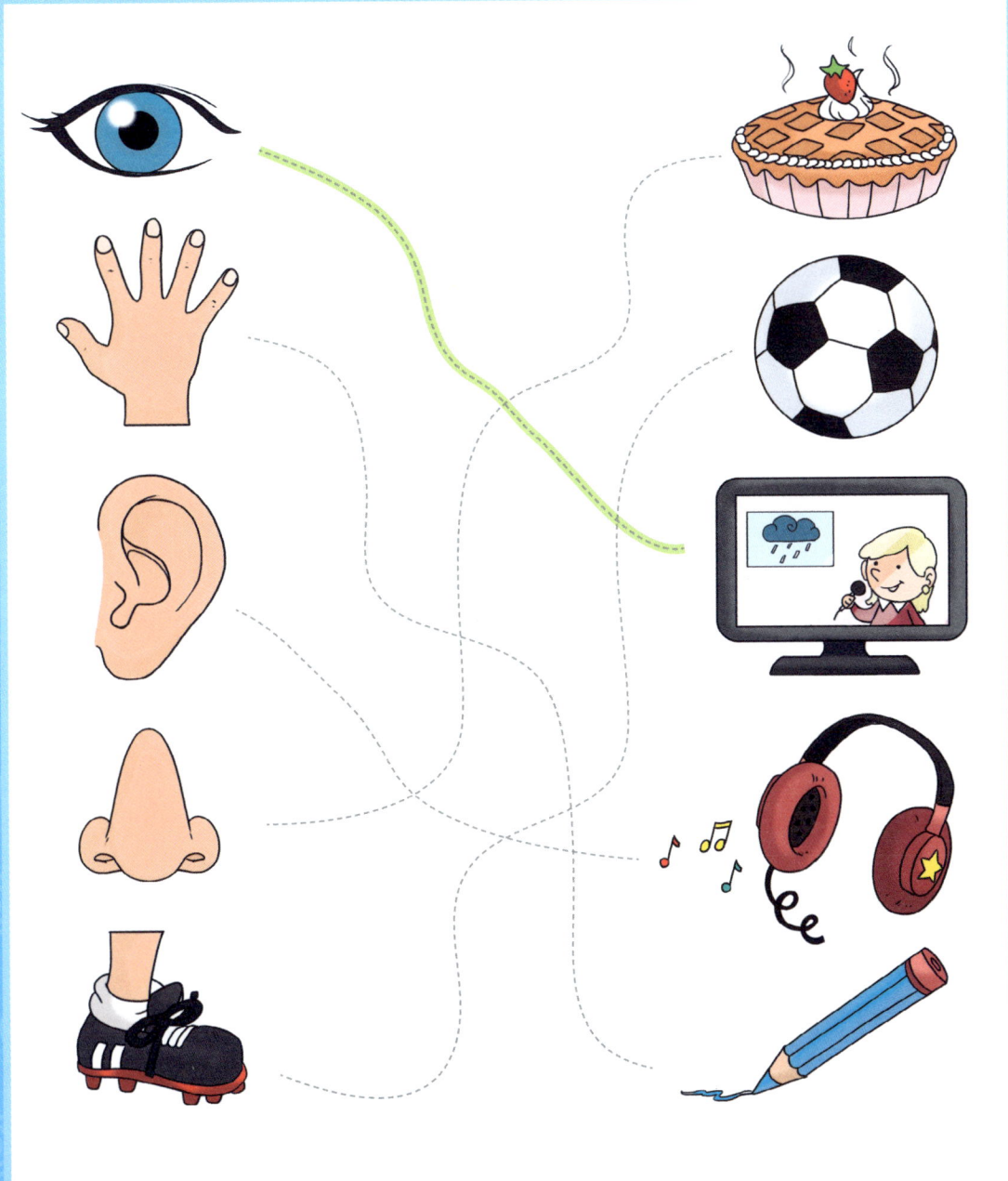

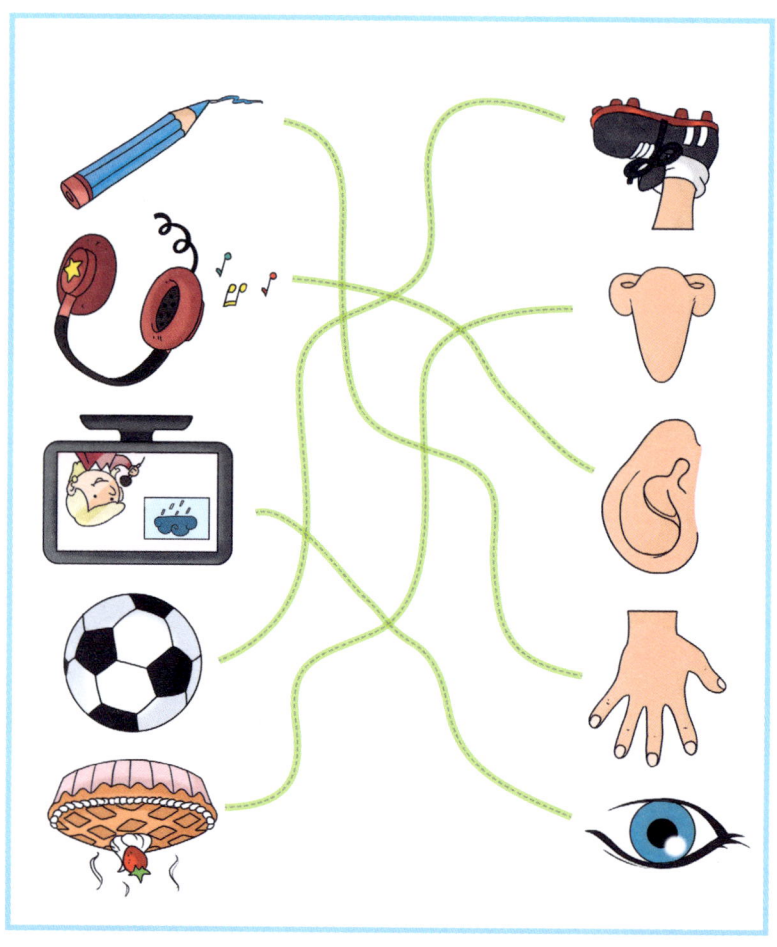

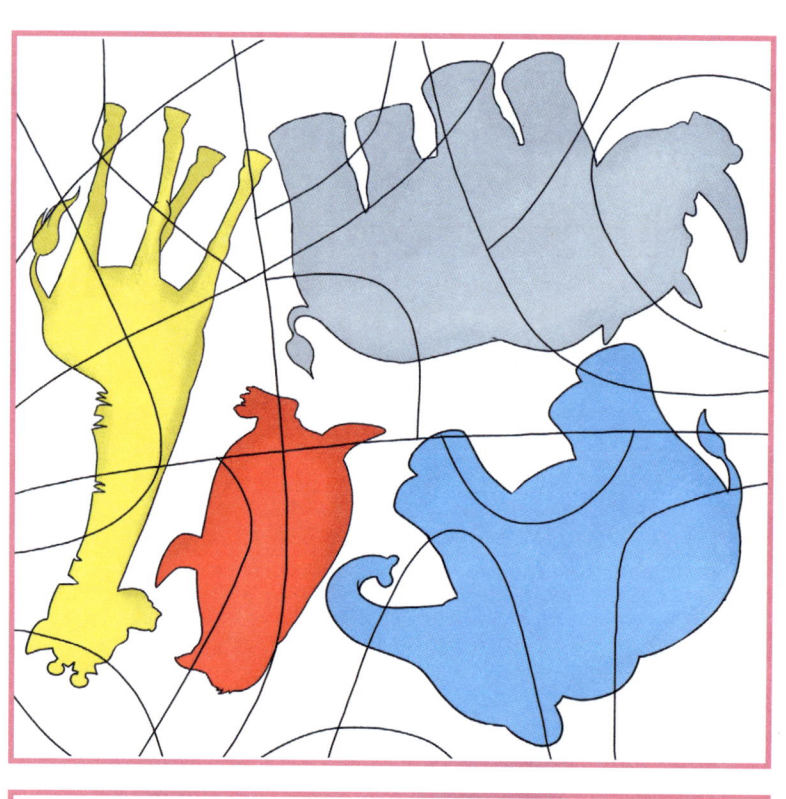

1 — 2 — 3 — 4 — 5 — 6 — 7 — 8 — 9 — 10 —
11 — 12 — 13 — 14 — 15 — 16 — 17 — 18 — 19 — 20

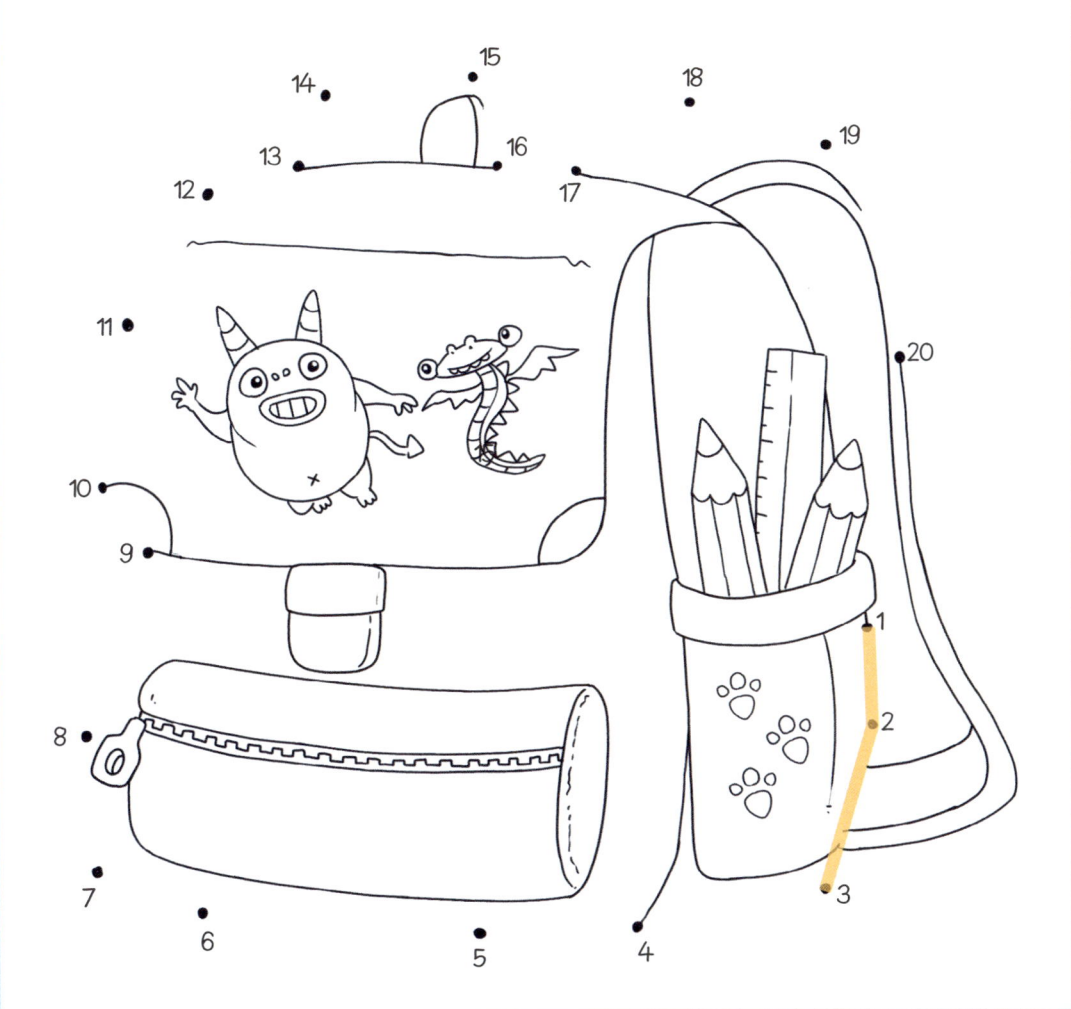

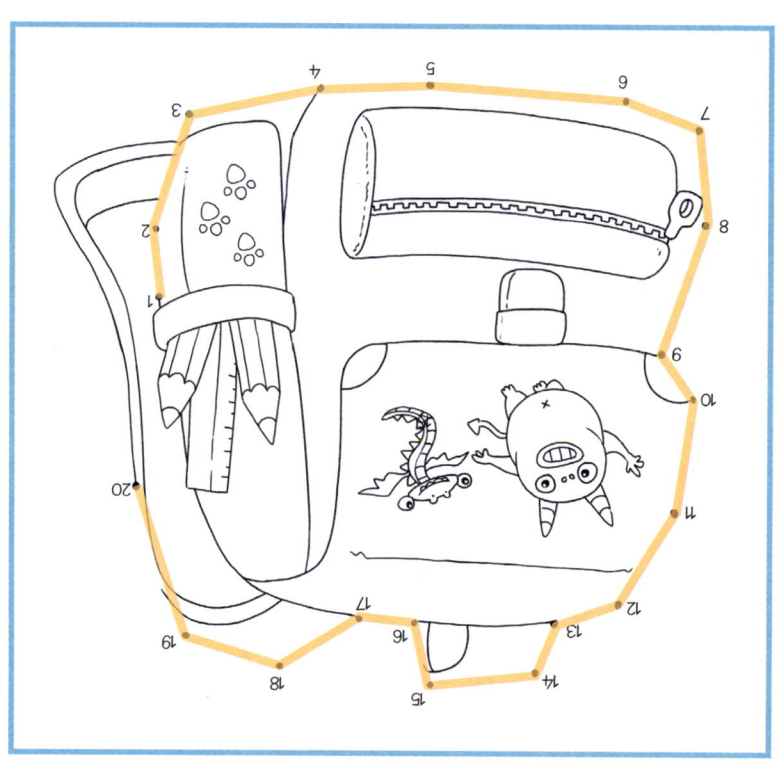

1 — 2 — 3 — 4 — 5 — 6 — 7 — 8 — 9 — 10

11 — 12 — 13 — 14 — 15 — 16 — 17 — 18 — 19 — 20

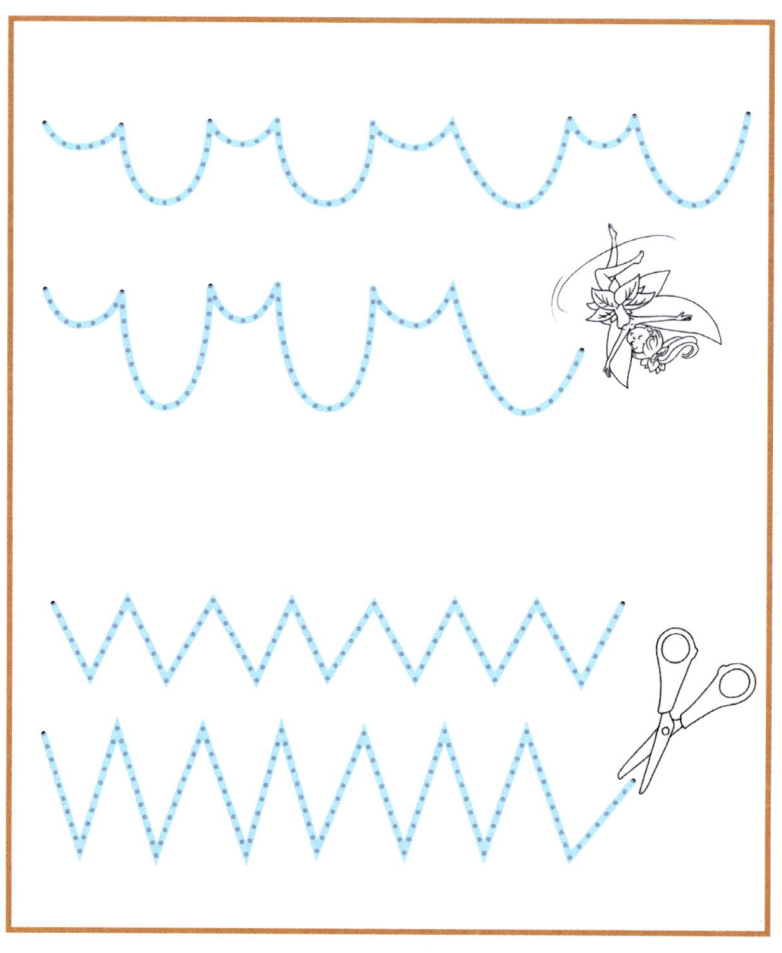

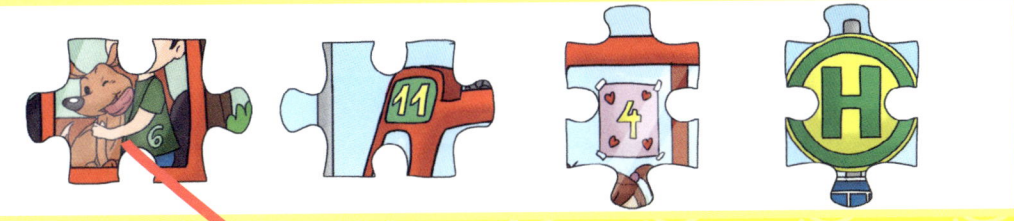

4 5 6 7 8

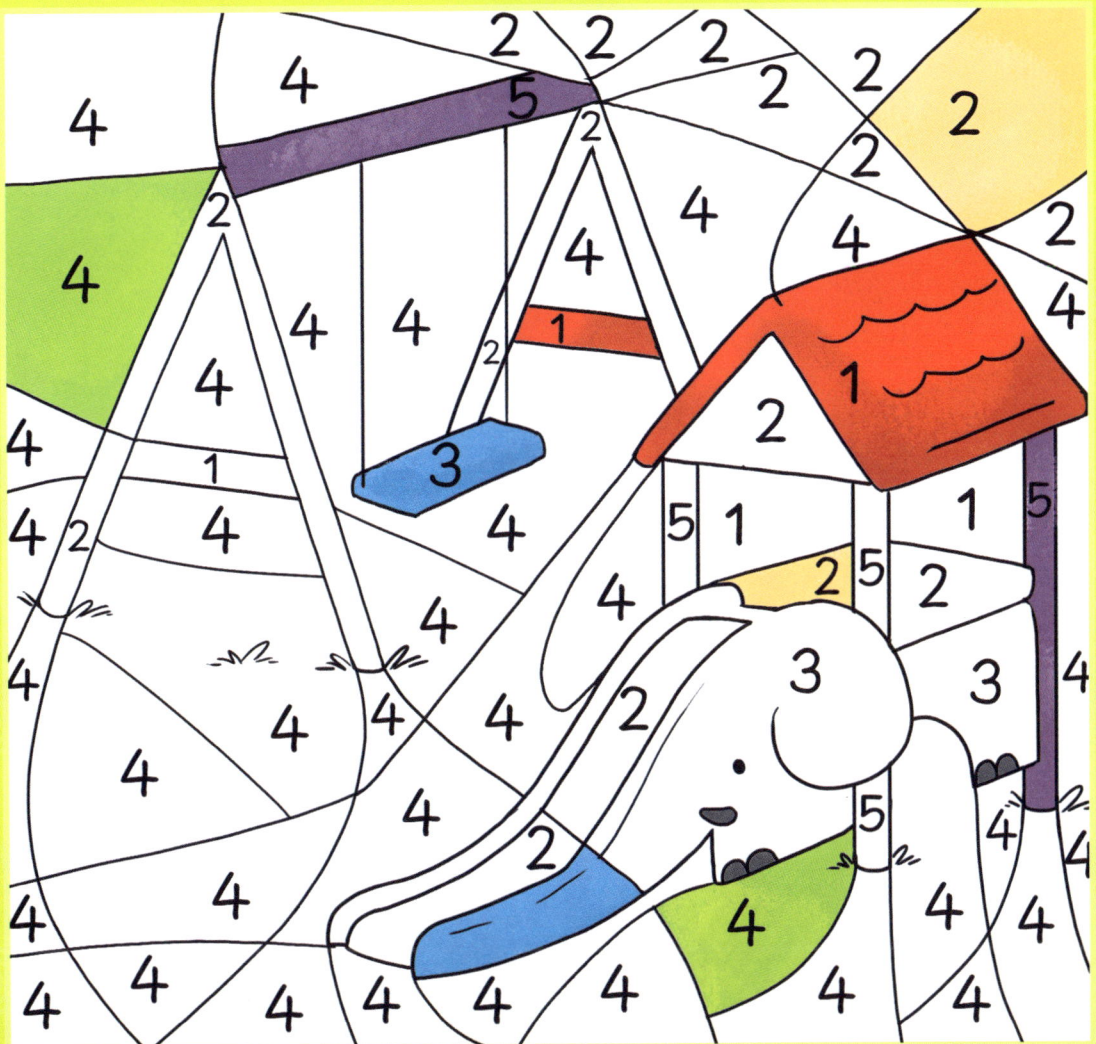

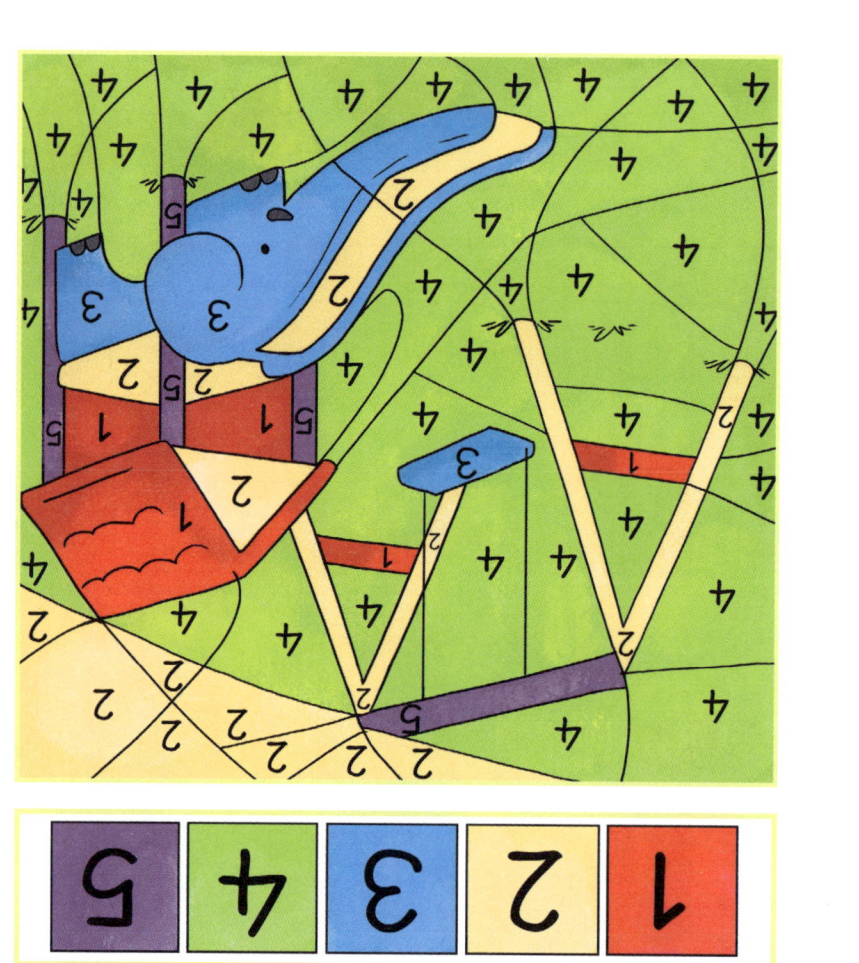

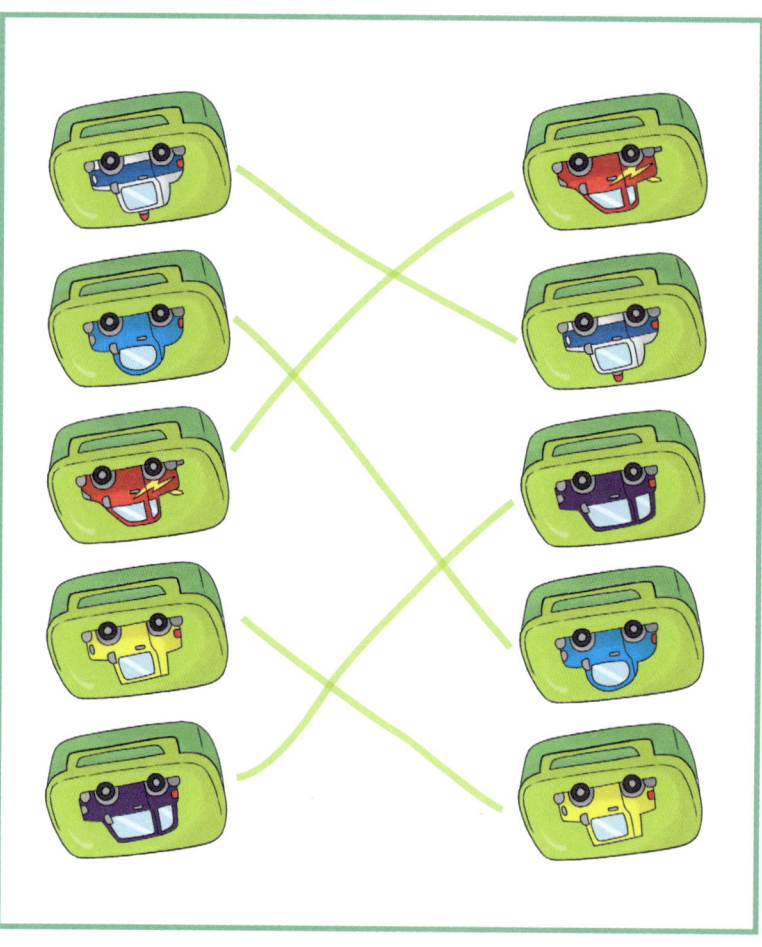

1 — 2 — 3 — 4 — 5 — 6 — 7 — 8 — 9 — 10 —

11 — 12 — 13 — 14 — 15 — 16 — 17 — 18 — 19 — 20

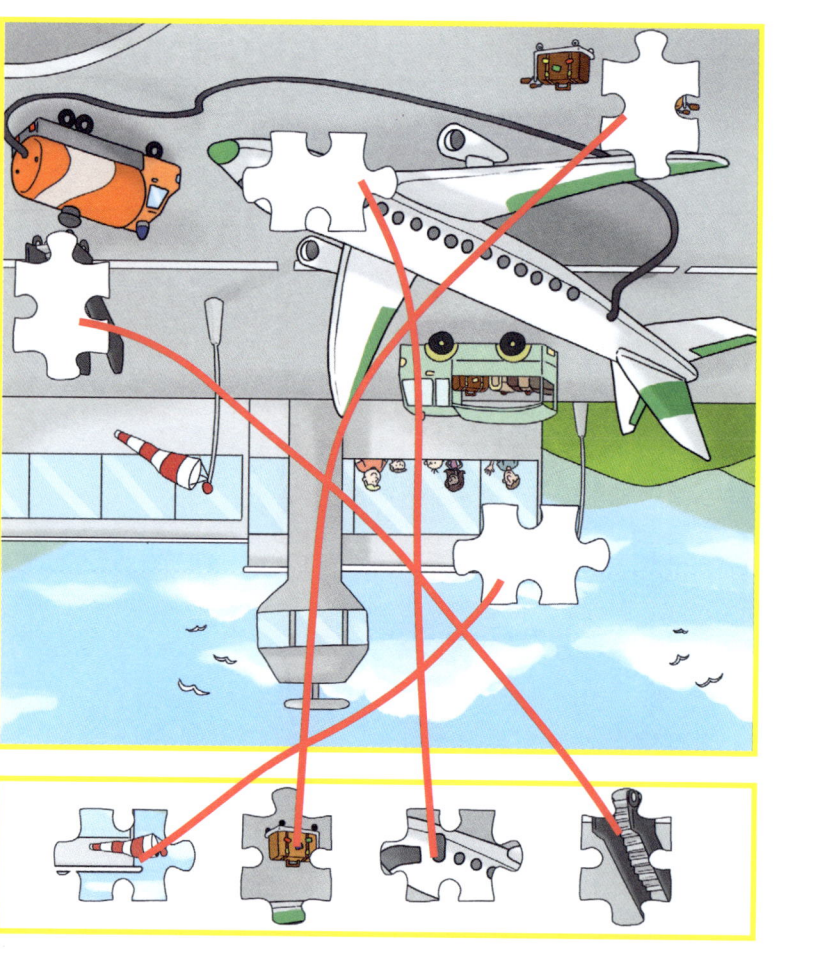

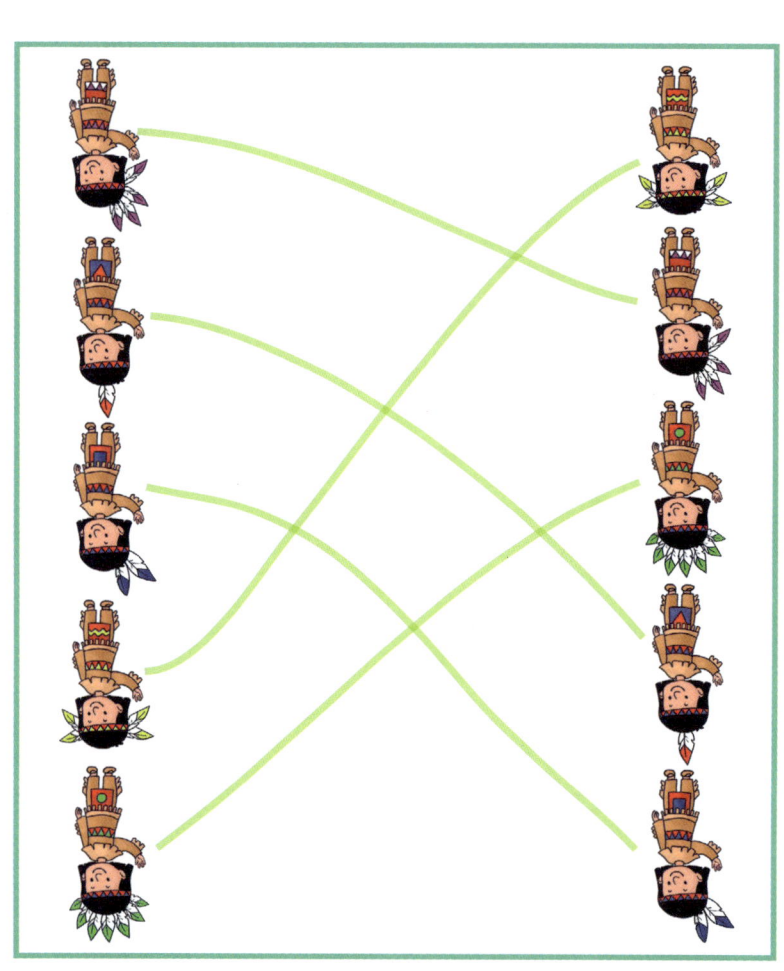

1 — 2 — 3 — 4 — 5 — 6 — 7 — 8 — 9 — 10 —
11 — 12 — 13 — 14 — 15 — 16 — 17 — 18 — 19 — 20

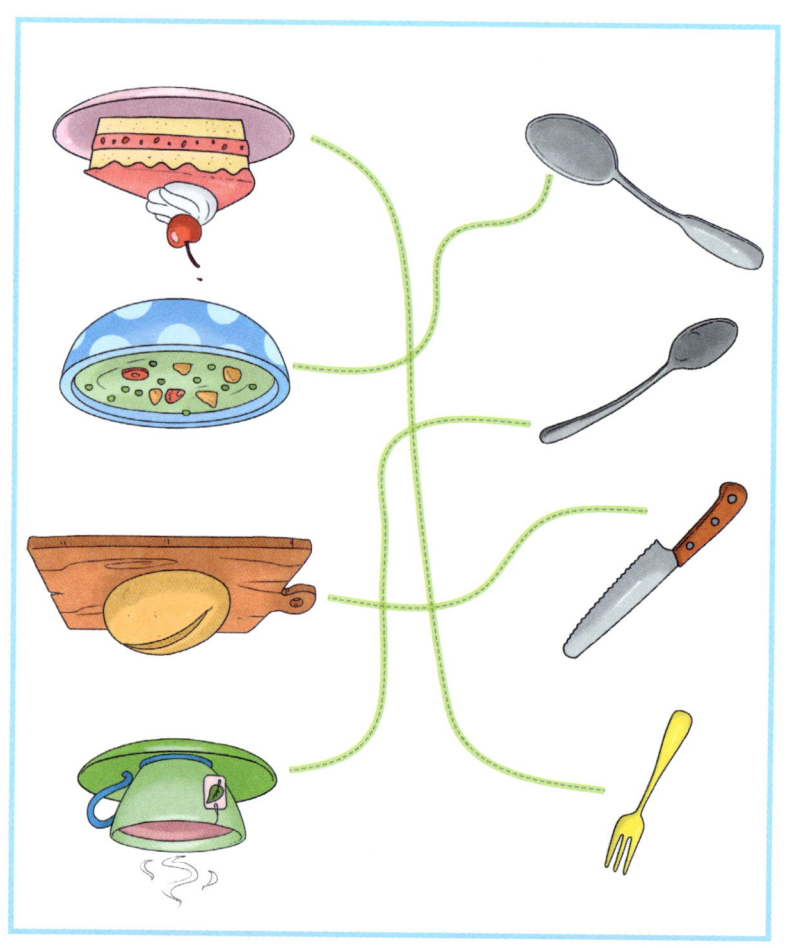

2 4 5 6 8

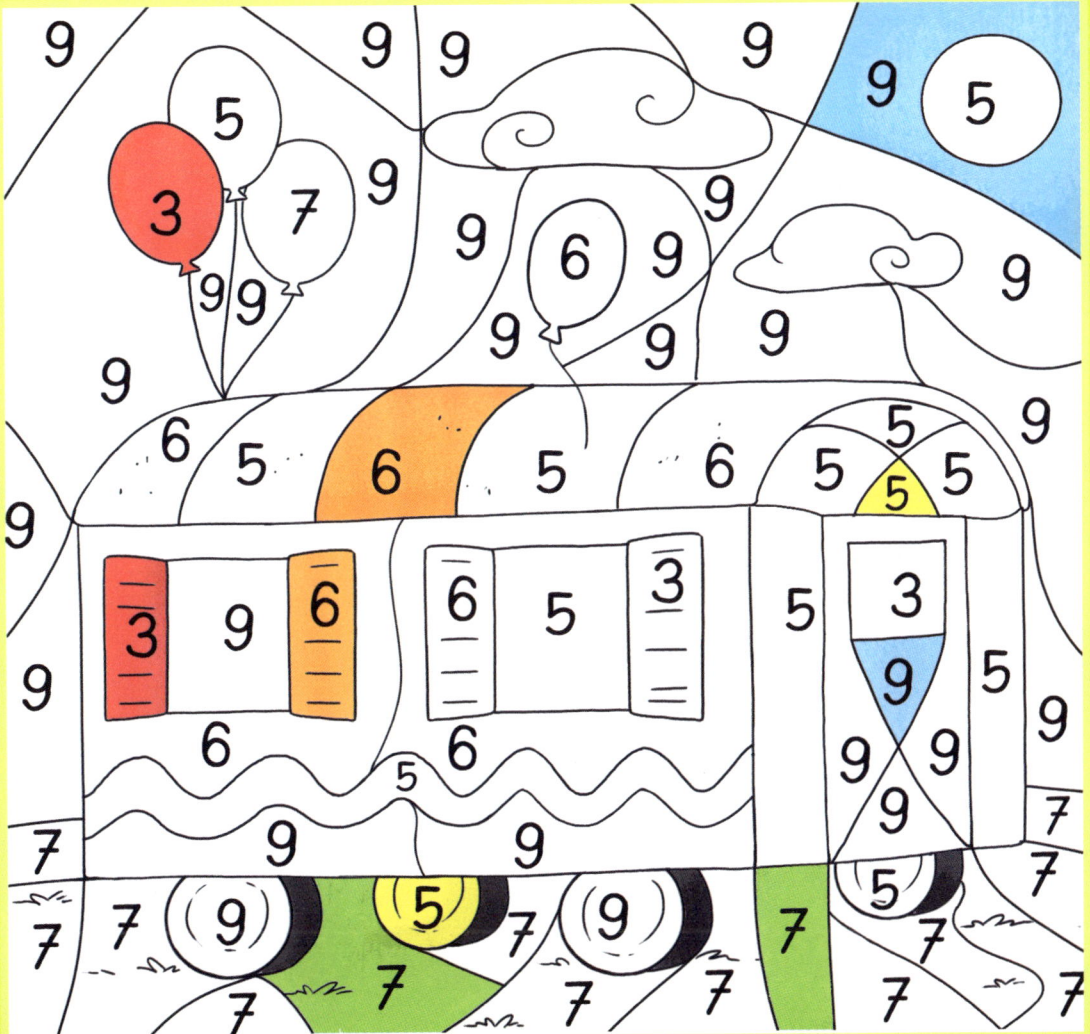

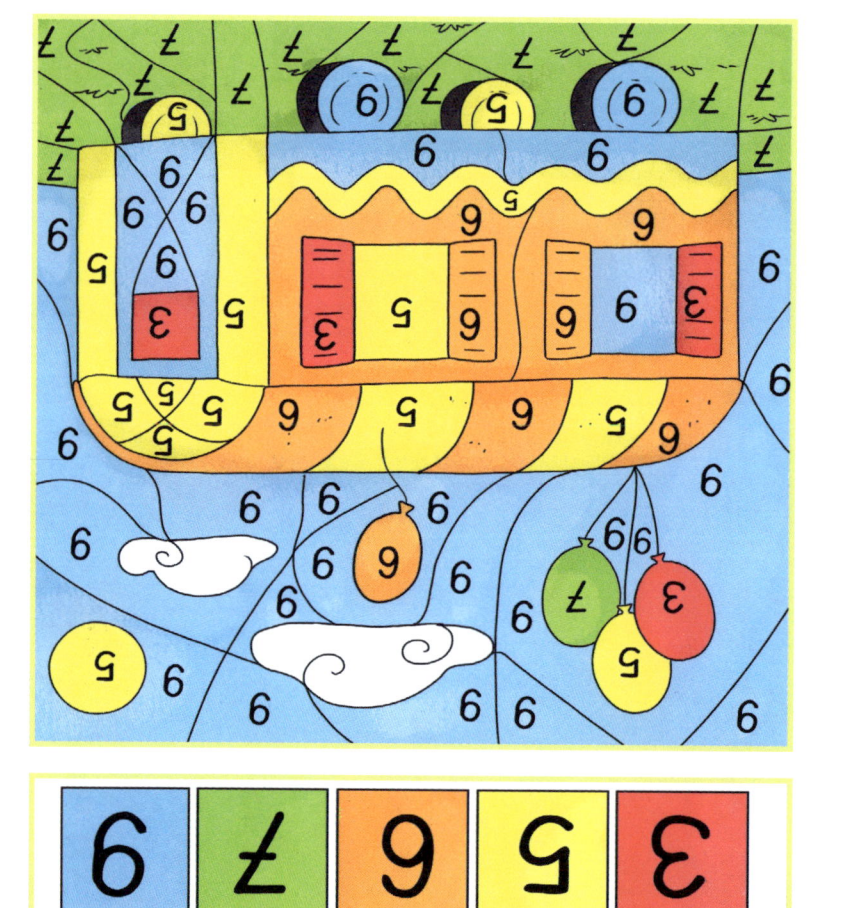

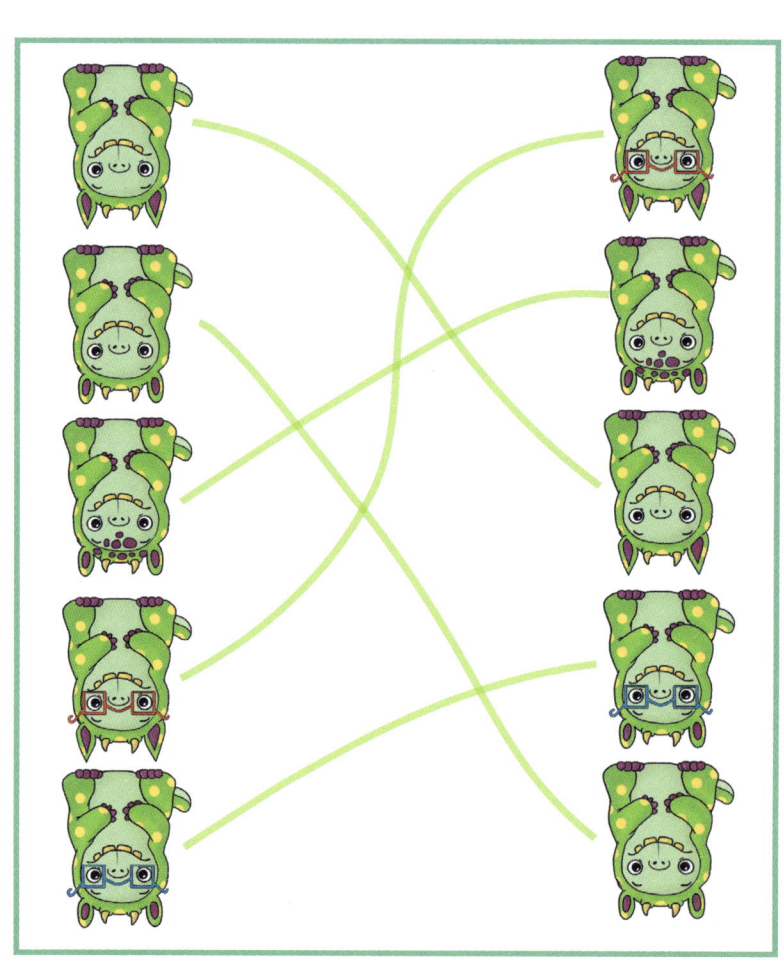

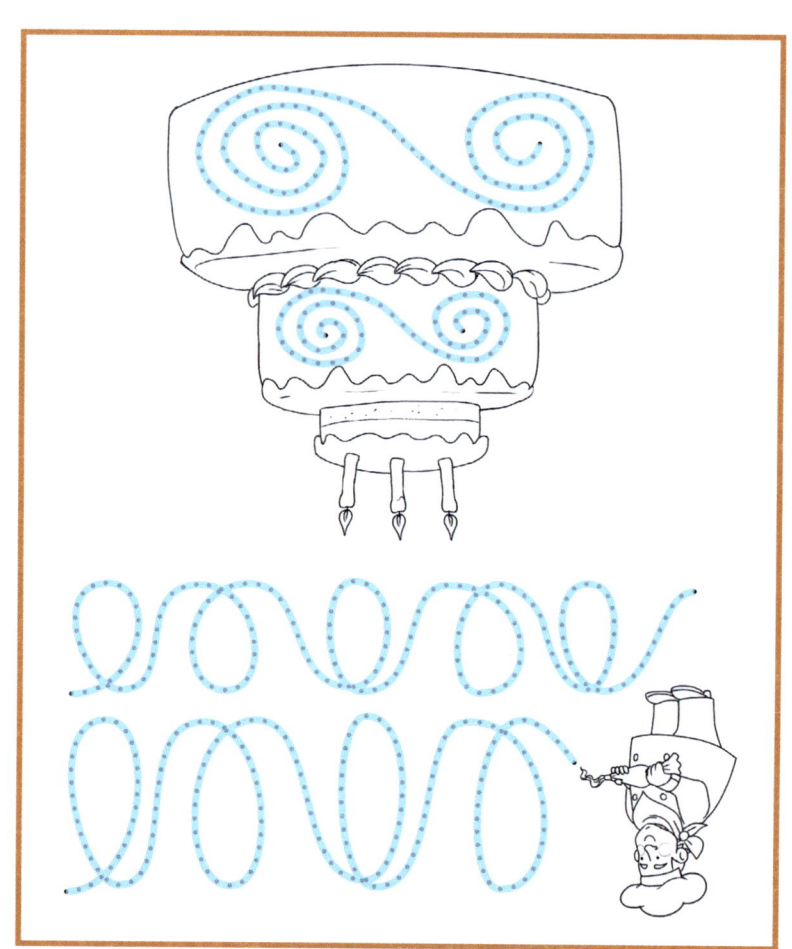

Mein Lieblings-Block
Wunschzettel

ISBN 978-3-12-949769-2

○ Habe ich schon.

○ Wünsche ich mir.

ISBN 978-3-12-949180-5

○ Habe ich schon.

○ Wünsche ich mir.

ISBN 978-3-12-949170-6

○ Habe ich schon.

○ Wünsche ich mir.

ISBN 978-3-12-949731-9

○ Habe ich schon.

○ Wünsche ich mir.

ISBN 978-3-12-949485-1

○ Habe ich schon.

○ Wünsche ich mir.

ISBN 978-3-12-949486-8

○ Habe ich schon.

○ Wünsche ich mir.

ISBN 978-3-12-949194-2

○ Habe ich schon.

○ Wünsche ich mir.

ISBN 978-3-12-949809-5

○ Habe ich schon.

○ Wünsche ich mir.

Wünsche ich mir.
Habe ich schon.

ISBN 978-3-12-949729-6
Mein Lieblings-Block
Spannende
Dino-Rätsel

Wünsche ich mir.
Habe ich schon.

ISBN 978-3-12-949445-5
Mein Lieblings-Block
Erste Zahlen
und Denkspiele

Wünsche ich mir.
Habe ich schon.

ISBN 978-3-12-949730-2
Mein Lieblings-Block
Von Punkt
zu Punkt

Wünsche ich mir.
Habe ich schon.

ISBN 978-3-12-949772-2
Mein Lieblings-Block
Toooor!
Sportliche
Fußball-Rätsel

Wünsche ich mir.
Habe ich schon.

ISBN 978-3-12-949182-9
Mein Lieblings-Block
für
unterwegs

Wünsche ich mir.
Habe ich schon.

ISBN 978-3-12-949638-1
Mein Lieblings-Block
Lustige Rätsel
für die Ferien

Wünsche ich mir.
Habe ich schon.

ISBN 978-3-12-949661-9
Mein Lieblings-Block
Die schönsten
Suchbilder

Wünsche ich mir.
Habe ich schon.

ISBN 978-3-12-949811-8
Mein Lieblings-Block
Rätselspaß in der
Unterwasserwelt

Mein Lieblings-Block
Wunschzettel